COLLECTION Images & Gourmandises

BREDLE DE NOËL

des Boulangers d'Alsace

i. D.
l'édition
Images et Découvertes

PRÉFACES

Je tiens tout d'abord à remercier chaleureusement toutes celles et ceux qui ont contribué à la réalisation de cet ouvrage sur les Bredle d'Alsace.

Merci à Mme Fabienne Keller, Maire de la Ville de Strasbourg, au professeur Jacques Marescaux, Président de l'IRCAD partenaire de la boulangerie et du Marché du Bredele Ainsi qu'à Mme Jeanne Loesch, incontournable gardienne des traditions culinaires alsaciennes.

Je remercie très particulièrement tous les boulangers qui ont su transmettre leur savoir-faire en mettant à notre disposition gracieusement leurs recettes personnelles de Bredle.

Chaque année les Bredle sont mis à l'honneur dans le cadre des festivités de « Noël à Strasbourg ». Ce succès qui se renouvelle d'année en année au « Marché du Bredele » avec le partenariat étroit de la municipalité de Strasbourg, illustre l'engouement du public pour nos traditions culinaires de Noël.

Cet ouvrage, réalisé par la Fédération de la Boulangerie d'Alsace, s'adresse tout particulièrement aux consommateurs afin de transmettre les recettes, d'indiquer les astuces et surtout pour partager les plaisirs gourmands de l'Avent.

Il n'en demeure pas moins que chaque pâtissière ou pâtissier en herbe saura mettre sa note personnelle et trouvera dans la réalisation des Bredle énormément de satisfaction pour partager et découvrir ce plaisir unique et festif de saveurs et de goût.

En souhaitant que cet ouvrage vous apporte beaucoup de satisfactions.
Bonne chance dans la confection de Bredle.

LÉON OLLAND

Président honoraire de la boulangerie alsacienne

préface

Les liens qui unissent l'IRCAD (Institut de Recherche contre les Cancers de l'Appareil Digestif) aux patrons boulangers du Bas-Rhin datent de la création de notre institut en 1994. La toute première animation organisée au profit de l'IRCAD a en effet vu le jour grâce à la générosité des boulangers qui ont vendu des milliers de petits pains blancs dans la majorité des boulangeries du Bas-Rhin pour soutenir la recherche contre le cancer.

Dès lors, les boulangers du Bas-Rhin ont constitué des partenaires privilégiés de l'IRCAD, et c'est avec un immense plaisir que nous nous associons à ce livre de recettes de Bredle qui sera vendu en cette fin d'année.
La période de Noël étant synonyme de générosité et d'ouverture aux autres, nous sommes particulièrement heureux que les boulangers aient choisi de nous mettre une nouvelle fois à l'honneur en reversant une partie de la vente de ce livre à l'IRCAD.

Nous souhaitons renouveler nos remerciements aux boulangers pour leur soutien indéfectible, et vous remercier vous aussi, lecteurs et donateurs, pour le geste que vous venez de faire au service de la lutte contre le cancer.

PR. JACQUES MARESCAUX

Président de l'IRCAD
(Institut de Recherche contre les Cancers de l'Appareil Digestif)

INTRODUCTION

Un livre évoquant unes des nombreuses traditions vivantes d'Alsace ne saurait oublier que la meilleure tradition, usage ou coutume ne peut survivre sans le partage, l'évolution, ou l'adaptation de ses principes.

Au fil des ans, des décennies et des siècles, l'Alsace a su préserver la grande tradition de Noël.
Dans cette tradition, le Bredele dans le nord ou Bredela dans le sud de l'Alsace fait le bonheur de tous. Sans exceptions.

Recettes traditionnelles ou recettes innovantes, elles ne peuvent se concurrencer que sur le chapitre des préférences.
Ainsi un livre évoquant des recettes de « petits gâteaux de Noël » se doit de citer avant tout les « grands classiques » qui ont su résister au temps, au changement des goûts et des modes alimentaires. Pourtant dans ce domaine la place est grande et la porte ouverte aux Bredle ou Bredela de demain.

Dans ce petit recueil de recettes vous trouverez quelques unes des traditions culinaires de l'Alsace qui résistent dignement à l'évolution des goûts des consommateurs tels que les Schwowebredele (gâteau souabe), butterbredele (gâteau au beurre), anisbredele (petit pain d'anis) etc... mais aussi toutes les recettes issues de l'imagination gourmande des artisans boulangers de cette région de partage et de Noël.

Laissez vous guider par ces quelques recettes et n'hésitez pas à explorer la magie du Bredele de Noël....

C'EST FAIT MAISON !

Il faut suivre les méandres tant de l'histoire générale que locale pour comprendre la singularité de la pâtisserie alsacienne si exotique pour certains, héritière des traditions de l'Europe Centrale.

Selon l'usage en cours dans tous les pays de Mitteleuropa, les ménagères, savaient parfaitement que les fruits cueillis à maturité étaient gorgés de sucre qui se concentrait par séchage. Ainsi, elles confectionnaient des « Bierewecke » (pain aux poires séchées), des « Schnitzwecke » ou des « Hützelbrot » (Schnitz et Hützel = poires, pommes et quetsches séchées, Wecke et Brot = pain).

Après 1810, lorsque le Blocus Continental décrété par Napoléon Ier rendait impossible l'importation du sucre de canne, produit de luxe appelé « or blanc », se développait la fabrication du sucre de betterave beaucoup moins cher puisque planté et raffiné dans le pays même.

En 1890, le jeune pharmacien Dr. August Oetker avait inventé la poudre à lever, appelée plus tard « levure alsacienne » en France. Pour encourager l'utilisation de ses produits, il éditait des livres de recettes très populaires et distribuait gratuitement des feuilles volantes aux recettes souvent recopiées sur des supports de fortune, bouts de papier qui sont aujourd'hui les précieux « Zettelrezeptle ».

Chaque sorte de « Bredle » avait ses secrets de fabrication y compris leur tour de main pour la présentation. Les « Cocosmakrenle » par exemple, avaient une forme de navire réalisée avec deux cuillères à café. Les « Spritzbredle » nécessitaient des sorties de douilles cannelées plates ou rondes. Quant aux « Bredle » découpés à l'aide d'emporte pièce, les motifs sont issus de mythes païens.

Une difficulté résidait dans la maîtrise de la chaleur pour la cuisson de la pâte. Souvent, on cherchait de grandes plaques chez le boulanger, s'il y en avait un à proximité. On lui apportait ces plaques garnies de motifs en pâte crue et on récupérait les « Bredle » une fois cuits.

Ma mémoire est gravée de moments pleins d'émotion quand, pendant le temps de l'Avent (Avent = temps d'attente et de préparation) deux ou trois générations de ma famille se retrouvaient dans la grande cuisine pour confectionner toutes sortes de « Wiehnachtsbredle » en s'exprimant tous dans la même langue, indiquant le meilleur usage des ustensiles, transmettant le savoir-faire, les tours de main, le degré et la durée de cuisson, le glaçage et même les règles liées au Carême de l'Avent supprimé par Vatican II, le tout agrémenté de nombreux souvenirs d'enfance.

L'Avent étant jusque dans les années 1960 une période de carême, seuls les « Bredle » ratés pouvaient être mangés, alors que le stock était rangé dans de grandes soupières à couvercle ou dans des boîtes en fer blanc, en attendant d'être servis à notre « Wiehnachte » qui signifie « les nuits sacrées ».

A présent, j'espère avoir donné envie aux dames tellement fières de réaliser à elles seules les « Wiehnachtsbredle » pour toute la famille, de cesser enfin ce travail tristement solitaire et d'inviter l'ensemble des générations montantes pour partager ce moment créatif afin de leur transmettre ce précieux savoir avec tous les secrets.

Enfin et surtout, par ce livre qui s'ajoute harmonieusement aux secrets oralement transmis par les aînées, les boulangers dévoilent sans aucune restriction de nombreuses recettes anciennes, classiques et nouvelles, leur savoir-faire et leurs tours de main. Ils se réjouissent d'avance de vos succès.

Pour ma part, je vous souhaite une conviviale période de préparation de « Bredle » en famille et une immense fierté en disant « c'est fait maison ».

JEANNE LOESCH

Vins d'Alsace & Bredele

De la farine, du sucre, des épices qui fleurent bon le temps de Noël et des fêtes : les traditionnels bredele exigent un accompagnement à la mesure de leur gourmandise et de leur richesse en arômes.

Parmi les vins d'Alsace, le spécialiste des desserts est sans conteste le Gewurztraminer, bien connu pour ses arômes d'épices (cardamome, clou de girofle, cannelle, anis étoilé, safran…) d'où il tire d'ailleurs une partie de son nom. Aucun vin au monde n'exhale autant d'arômes de fruits mûrs, de fleurs et bien sûr d'épices qui se marieront si bien avec les bredele qu'on se demandera si le pâtissier n'a pas prêté main forte au vigneron !

Au-delà des arômes d'épices ou de fruits (qui joueront avec d'éventuels fruits confits ou les glaçages aux fruits des bredele), il y a également le moelleux du Gewurztraminer qui enveloppera avec la puissance requise les riches saveurs de nos petits gâteaux. On pourra même choisir des Vendanges Tardives ou des Sélections de Grains Nobles (en Gewurztraminer mais aussi en Pinot Gris) dont le caractère moelleux ou liquoreux transforme en moment magique une fin de repas ou une après midi gourmande autour de quelques bredele.

N'oublions pas enfin que c'est aussi la charpente d'acidité qui fait la grandeur des vins moelleux ou liquoreux d'Alsace, permettant ainsi de conjuguer bredele avec fraîcheur et légèreté !

SOMMAIRE

LES GRANDS CLASSIQUES

Petits sablés au beurre p.12
Schwowebredele à l'ancienne p.13
Etoiles à la cannelle p.14
Kipferl p.15
Pains d'Anis Pains d'Anis chocolat Duos p.16
Leckerli de Berne aux noisettes p.18
Schwowebredele p.19

LES SPÉCIALITÉS

Bâtons au miel p.20
Bouchées aux noix p.21
Milanais p.22
Bouchées aux noix et chocolat p.23
Brunsli p.24
Macarons au pavot p.25
Sablés macaronés à la confiture de Framboises p.26
Créoles p.28
Sablés aux châtaignes p.29
Demi-lunes à la noisette p.30
Alberle p.31
Diamants p.32
Petites galettes anglaises p.33
Américains p.34
Tranches d'Anis ou Anisschnette p.36
Cookies p.37
Pains d'épices pour langues et décor p.38
Etoiles cannelle au Kirsch d'Alsace p.40
Sablés aux noix p.41
Petites étoiles au citron p.42
Fingerle p.43
Linzettes p.44
Macarons aux amandes p.45
Butterbredle aux amandes p.46
Sablés suisses p.47
Moques p.48

Petit beurre macaronné p.50
Orangines p.52
Pains d'anis aux épices p.53
Pains de Bruxelles p.54
Macarons à la noix de coco p.55
Biber de St Gallen p.56
Soufflage vanille p.58
Pains Turcs p.59
Les biscuits de Virginie p.60
Pains aux amandes p.61
Petits fours aux épices / Burehifele p.62
Petits gâteaux cannelle aux amandes p.64
Régents p.65
Petits pavés à l'abricot et à la pistache p.66
Suédois Pepperkakor p.68
Les biscuits d'Anna p.69
Rosaces au chocolat p.70
Rosaces au café et aux noix p.72
Sablés au Cointreau p.73
Petits coeurs Linzer p.74
Arlequins p.76
Soufflage café p.77

LES GOÛTERS DE NOËL
Cake pain d'épices p.78
Pains aux fruits / Beerewecke p.80

LES PETITS GÂTEAUX SANS SUCRE
Butterbredle (sans sucre ajouté) p.82
Roulés cannelle (sans sucre ajouté) p.84
Schwowebredele (sans sucre ajouté) p.85
Spritzbredele (sans sucre ajouté) p.86

POUR LES ENFANTS
Les rochers aux amandes 1
Les cookies 2
Les dattes farcies 3
Les spritzbredle de noël 4
Les macarons au chocolat 5
Les roses des sables 6
Les sablés 7

CONSEILS PRATIQUES

Les ingrédients

Choisissez des ingrédients de qualité pour réussir vos recettes

En règle générale, veillez à sortir les ingrédients du réfrigérateur et de les tempérer pour faciliter la réalisation de la pâte.

Utilisez des œufs de taille moyenne. Un œuf de taille moyenne pèse environ 50 g.
Le jaune d'œuf pèse 20 g et le blanc d'œuf 30 g environ.

Choisissez un beurre extra-fin pour son goût et la qualité qu'il donnera à la pâte.

Tamisez la farine avec « la levure chimique » ou « poudre à lever » pour un bon développement de vos pâtes.

Les raisins secs macérés dans un alcool peuvent être préparés plusieurs jours à l'avance.

Les épices à pains d'épices sont un mélange de : cannelle, coriandre, noix de muscade, clou de girofle, anis, gingembre, cardamome....
Les mélanges d'épices que vous trouverez dans le commerce conviennent généralement à tous les types de pains d'épices.

Pour la plupart des petits gâteaux découpés à l'emporte-pièce, prévoyez un œuf, un jaune d'œuf, 2 cuillérée à soupe de lait et une petite pincée de sel. Battez le tout à la fourchette.
Badigeonnez les gâteaux avec cette dorure qui donnera un bel aspect doré et brillant.

Le matériel

En règle générale il vous faudra selon les recettes un minimum de matériel de pâtisserie tel que : rouleau à pâtisserie, fouet, poche à douille, douille, emporte-pièce, spatule en bois, pinceau, plaques à four, etc.....

Pour plus de facilités et de précision utilisez de préférence une balance.

Les emporte-pièces se trouvent dans tous les étals des magasins en période de Noël. Ils peuvent être remplacés par une petite roulette crantée ou par des petits objets dont vous couperez le contour.

Les plaques sur lesquelles vous déposerez vos petits gâteaux doivent être soit beurrées soit beurrées et légèrement farinées ou encore recouvertes de papier sulfurisé.

Le four

Chaque four est unique dans sa cuisson ainsi les températures ou les thermostats affichés ne sont pas toujours les températures réelles et peuvent varier selon le type d'énergie utilisée.

Enfournez toujours dans un four préchauffé à la bonne température.

L'équivalence entre degrés et thermostat est de 30 à 35°C pour un point thermostat.
Ainsi un thermostat de 6 équivaut à 30 ou 35 X 6 = 180°C ou 210°C environ.

Avant de cuire une grande plaque de gâteaux, testez votre four avec un gâteau unique. Selon le résultat rectifiez la chauffe de votre four.

La conservation

Les Bredle ou Bredla se conservent plusieurs jours s'ils sont rangés dans une boite en fer blanc.
Conservez-les dans un endroit frais et sec.

PETITS SABLÉS AU BEURRE

Ingrédients

500 g de farine Type 55
5 g de poudre à lever
250 g de sucre glace
350 g de beurre
1 œuf

1 œuf + 1 jaune d'œuf pour la dorure

Préparation

Faites sabler tous les ingrédients à l'exception de l'œuf que l'on incorpore à la fin pour former la pâte.
Réservez la pâte au frais pendant 3 à 4 heures.
A l'aide d'un rouleau à pâtisserie, étalez la pâte à une épaisseur de 3-4 mm.
Détaillez ensuite des formes à l'aide de différents emporte-pièces.
Disposez-les sur une plaque recouverte d'un papier cuisson.
Dorez les petits gâteaux et laissez sécher.
Badigeonnez-les une seconde fois et laissez sécher.
Mettez-les à cuire dans un four à 180°C pendant 10 à 12 min environ.

SCHWOWEBREDELE À L'ANCIENNE

Ingrédients

POUR LA PÂTE :
300 g de farine
3 g de poudre à lever
210 g de sucre semoule
240 g de beurre
2 œufs
90 g d'amandes entières hachées fines
12 g de cannelle en poudre

1 œuf
+ 1 jaune d'œuf pour la dorure

POUR LE SUCRE CANNELLE :
100 g sucre cristal
10 g de cannelle en poudre

Préparation

Faites sabler tous les ingrédients à l'exception des œufs que l'on incorpore à la fin pour former la pâte.
Réservez la pâte au frais pendant 24 heures.
A l'aide d'un rouleau à pâtisserie, étalez la pâte à une épaisseur de 4 à 5 mm. Détaillez ensuite des formes à l'aide de différents emporte-pièces.
Disposez-les sur une plaque recouverte d'un papier cuisson.
Dorez les petits gâteaux et laissez sécher.
Badigeonnez une seconde fois et déposez une pincée de sucre cannelle sur chaque petit gâteau.
Mettez-les à cuire dans un four à 180°C pendant 10 à 12 min environ.

ÉTOILES À LA CANNELLE

Ingrédients

POUR LA PÂTE :
500 g d'amandes grises en poudre
450 g de sucre glace
15 g de cannelle
100 g de blancs d'œufs (3 gros blancs environ)
15 g de miel

POUR LA GLACE ROYALE :
1 blanc d'œuf
150 g de sucre glace

Préparation

Mélangez tous les ingrédients pour former une pâte bien homogène.
Etalez la pâte à 8 mm d'épaisseur en remplaçant la farine par du sucre glace.

PRÉPAREZ LA GLACE ROYALE :
A l'aide d'un fouet ou du batteur mélangez vigoureusement le sucre glace et le blanc d'œuf.
A l'aide d'un couteau palette, étalez une fine couche de glace royale sur le fond de pâte.
A l'aide d'un emporte-pièce, découpez des petites étoiles et disposez-les sur une plaque recouverte de papier sulfurisé.
Les chutes de pâte peuvent être retravaillées (si nécessaire ajoutez quelques amandes en poudre pour assécher la pâte).
Enfournez dans un four préchauffé à 150 °C pendant 5 à 10 min.
Surveillez la cuisson pour que les étoiles restent bien blanches.

KIPFERL

Ingrédients

400 g beurre
160 g sucre semoule
80 g jaunes d'œufs (4 jaunes)
500 g farine
200 g amandes en poudre blanches

Préparation

Battez le beurre et le sucre en pommade, puis ajoutez les jaunes d'œufs un à un.
Ajoutez enfin la farine et la poudre d'amandes.
Réservez au froid pendant 2 à 3 heures et façonnez des petits croissants.
Placez-les sur une plaque beurrée et faites les cuire dans un four à 180°C pendant 10 à 15 min.
Vous pouvez éventuellement saupoudrer les Kipferl de sucre glace dès la sortie du four.

PAINS D'ANIS, PAINS D'ANIS AU CHOCOLAT ET DUOS

Ingrédients

PAINS D'ANIS :
3 œufs
250 g de sucre
300 g de farine
10 g d'anis vert

PAINS D'ANIS AU CHOCOLAT :
3 œufs
250 g de sucre
275 g de farine
75 g de cacao non sucré
10 g d'anis vert

Préparation

POUR LES PAINS D'ANIS :
Mélangez les œufs, le sucre dans un grand saladier.
Tout en battant les œufs avec un fouet, faites chauffez la masse au bain-marie.
Lorsque la masse est chaude (60 °C), battez les œufs au fouet avec le batteur électrique pendant 10 à 12 min.
Changez les fouets de l'appareil et remplacez-les par les spatules et mélangez à nouveau pendant 20 min.
Mélangez l'anis et la farine préalablement tamisée et incorporez-la délicatement à l'aide d'une spatule en bois.
A l'aide d'une poche, dressez des petits dômes sur une plaque très légèrement beurrée.
Laissez reposer les pains d'anis pendant 3 heures dans un endroit sec.
Lorsqu'ils sont croûtés, enfournez dans un four préchauffé à 200 °C pendant 5 min environ.
POUR LES PAINS D'ANIS CHOCOLATÉS :
Réalisez les anis au chocolat de la même manière.
Tamisez le cacao avec la farine pour une incorporation homogène.
POUR LES DUOS D'ANIS :
Réalisez les deux pâtes.
Dressez à la poche des petits bâtonnets de pâte anis.
Dressez ensuite la pâte anis chocolat afin que les deux bâtonnets se touchent.

LECKERLI DE BERNE AUX NOISETTES

Ingrédients

500 g de noisettes
250 g de sucre
100 g d'écorce de citron confit haché
3 blancs d'œufs
10 g de cannelle
170 g de miel

Préparation

Broyez grossièrement les noisettes et ajoutez-les aux blancs d'œufs, au sucre et au citron confit.
Ajoutez les autres ingrédients et faites une pâte mi-ferme.
Etalez la pâte à une épaisseur de 8 mm, rayez-la à l'aide d'une fourchette et découpez des rectangles de 2 x 4 cm.
Déposez-les sur une plaque beurrée et laissez sécher.
Faites cuire dans un four à 190/200 °C pendant 10 à 15 min environ
A la sortie du four, badigeonnez les Leckerli de sirop chaud (le sirop se compose de 2/3 de sucre et 1/3 d'eau).
Pendant la cuisson, veillez à ce que les fonds des Leckerli restent clairs.

SCHWOWEBREDLE

Ingrédients

500 g de farine Type 55
5 g de poudre à lever
350 g de sucre glace
400 g de beurre
3 œufs
150 g d'amandes grises en poudre
20 g de cannelle

1 œuf + 1 jaune d'œuf pour la dorure

Préparation

Faites sabler tous les ingrédients à l'exception des œufs que l'on incorpore à la fin pour former la pâte.
Réservez la pâte au frais pendant 24 heures.
A l'aide d'un rouleau à pâtisserie, étalez la pâte à une épaisseur de 3-4 mm.
Détaillez ensuite des formes à l'aide de différents emporte-pièces.
Disposez-les sur une plaque recouverte d'un papier cuisson.
Dorez les petits gâteaux et laissez sécher.
Badigeonnez-les une seconde fois et laissez sécher.
Mettez-les à cuire dans un four à 180° C pendant 10 à 12 min environ.

BÂTONS AU MIEL

Ingrédients

PÂTE SABLÉE AUX NOISETTES :
500 g de farine
350 g de beurre
175 g de sucre
1 œuf
1/2 zeste de Citron
1 petite pincée de sel
200 g de noisettes grillées et grossièrement moulues

MASSE AUX AMANDES :
100 g de miel
100 g de sucre
100 g de glucose
100 g de beurre
100 g de crème fraîche
200 g d'amandes blanches grossièrement moulues

Préparation

FAITES LA PÂTE SABLÉE AUX NOISETTES :
Sablez finement la farine et le beurre.
Faites une pâte avec tous les ingrédients. Si celle-ci est trop ferme, ajoutez un peu de blanc d'œuf.
POUR LA MASSE AUX AMANDES :
Amenez à ébullition tous les ingrédients des bâtons à l'exception des amandes que l'on incorpore en dernier.
Réservez au froid pendant 1 heure.

Réalisation

Etalez la pâte sablée aux noisettes à 4 mm d'épaisseur.
Garnissez une plaque avec bord de cette pâte.
Recouvrez-la d'une couche pas trop épaisse de la masse aux amandes.
Faites cuire dans un four à 160/170 °C pendant 25 min.
Le lendemain, découpez des bâtons de 1,5 cm x 4 cm.

BOUCHÉES AUX NOIX

Ingrédients

500 g de farine
350 g de beurre
150 g de sucre
10 g de cacao en poudre
125 g de noix en poudre
50 g de sucre vanillé
1 petite pincée de bicarbonate de soude
1 œuf entier + 1 œuf pour la dorure
Quelques cerneaux de noix pour le décor.

Préparation

Mélangez tous les ingrédients afin d'obtenir une pâte.
Formez immédiatement des boudins de 4 cm de diamètre.
Réservez au froid pendant 3 à 4 heures.
Découpez des rondelles de 8 à 10 mm d'épaisseur.
Déposez-les sur une plaque.
Dorez à l'œuf.
Décorez le centre de chaque bouchée avec un quart de noix que vous aurez éventuellement badigeonné de sirop (le sirop se compose de 2/3 de sucre et 1/3 d'eau).
Faites cuire dans un four à 180°C pendant environ 20 minutes.

MILANAIS

Ingrédients

250 g beurre
250 g sucre semoule
2 œufs
500 g farine
Extrait de vanille
1 zeste de citron

Préparation

Mélangez la farine, le beurre et le sucre et faites sabler en les frottant entre vos mains.
Lorsque le mélange est sablé, ajoutez les œufs, la vanille et le zeste de citron.
Laissez reposer au frais 2 à 3 heures.
Etalez la pâte à l'aide d'un rouleau à une épaisseur de 6 à 8 min.
Détaillez des petites étoiles à l'aide d'un emporte pièce.
Disposez sur une plaque beurrée.
Badigeonnez avec de la dorure et laissez sécher.
Badigeonnez une deuxième fois, laissez sécher et rayez le dessus avec une fourchette.
Enfournez dans un four préchauffé à 180°C pendant 15 à 20 min.

BOUCHÉES AUX NOIX ET CHOCOLAT

Ingrédients

PÂTE SABLÉE :
200 g de farine
100 g de beurre
225 g de noix en poudre
125 g de sucre
75 g blancs d'œufs
100 g de chocolat râpé

GLAÇAGE :
150 g de fondant
50 g de marc de gewurztraminer

Préparation

Faites mousser le sucre, le beurre et les blancs d'œufs.
Ajouter les autres ingrédients sans trop travailler la pâte.
A l'aide d'une poche munie d'une douille ronde, dressez des petits tas.
Avec le doigt légèrement fariné, faites un petit trou au centre de chaque bouchée.
Faites cuire à 175°C pendant 12 à 15 min.
Dès la sortie du four, garnissez les trous avec le glaçage au marc de gewurztraminer et laissez sécher quelques heures.

BRUNSLI OU BRUN DE BÂLE

Ingrédients

250 g de sucre glace
250 g d'amandes blanches en poudre
40 g de cacao non sucré
75 g de blancs d'œufs (2 gros blancs environ)
1/2 cuillérée à café de cannelle

1 sachet de sucre semoule

Préparation

Mélangez tous les ingrédients pour former une pâte.
Laissez-la reposez au froid pendant 2 à 3 heures.
Etalez la pâte à 1 cm d'épaisseur en remplaçant la farine par du sucre semoule.
Découpez la pâte à l'aide d'emporte-pièce et disposez les Brunslis sur une plaque recouverte de papier sulfurisé
Enfournez dans un four préchauffé à 230 °C pendant 2-3 min.

MACARONS AU PAVOT

Ingrédients

375 g d'amandes blanches en poudre
375 g de sucre glace
125 g de blancs d'œufs (ou 4 blancs d'œufs)
325 g de sucre
80 g d'eau
150 g de blancs d'œufs (ou 5 blancs d'œufs)
un peu de pavot bleu

Préparation

Mettez toutes les amandes, 375 g de sucre glace et les 4 blancs d'œufs dans un grand bol et mélangez.
Mettez l'eau et le sucre dans une casserole et faites chauffer.
Montez les 150 g de blancs d'œufs en neige.
Versez le sirop de sucre cuit à 120°C (vérifiez la température à l'aide d'un thermomètre) sur les blancs en neige et mélangez le tout au batteur jusqu'à refroidissement complet.
A l'aide d'une spatule incorporez délicatement les blancs en neige à la masse aux amandes.
A l'aide d'une poche munie d'une douille unie de 10 mm de diamètre, dressez des petits dômes sur une plaque recouverte de papier sulfurisé.
Parsemez les macarons de graines de pavot.
Faites cuire, dans un four préchauffé à 150°C, pendant 5 à 10 min environ.

SABLÉS MACARONÉ À LA CONFITURE DE FRAMBOISES

Ingrédients

PÂTE SABLÉE AUX ÉPICES :
125 g de farine
125 g de sucre semoule
125 g de beurre
120 g de noisettes en poudre
125 g de chapelure
1 œuf
1 zeste de citron râpé
1 pointe de couteau de clou de girofle en poudre
1 pointe de couteau de cannelle en poudre
1 pointe de couteau de noix de muscade en poudre

MASSE MACARON AUX NOISETTES :
120 g de noisette en poudre
20 g de farine
180 g de blancs d'œufs
150 g de sucre
1/2 cuillérée à café de cannelle
1 pot de confiture de framboises

Préparation

Faites sabler tous les ingrédients excepté l'oeuf.
Ajoutez l'œuf, formez une pâte et réservez-la au frais pendant 2 à 3 heures.
A l'aide d'un rouleau à pâtisserie, étalez la pâte à une épaisseur de 4 mm.
Détaillez ensuite des trèfles à l'aide d'un emporte-pièce.
Garnissez le centre avec la confiture de framboises.

PRÉPAREZ LA MASSE MACARON AUX NOISETTES :
Battre les blancs d'œufs et le sucre en neige bien ferme.
A l'aide d'une spatule, incorporez délicatement la farine, les noisettes et la cannelle.

Dressez la masse macaron à l'aide d'une poche munie d'une douille cannelée sur la confiture.
Saupoudrez de sucre glace et enfournez dans un four préchauffé à 175°C pendant 15 min environ.

CRÉOLES

Ingrédients

370 g beurre
200 g sucre
500 g farine
150 g raisins secs macérés dans du rhum

Préparation

Mélangez tous les ingrédients à l'exception des raisins afin d'obtenir un appareil bien homogène.
Ajoutez les raisins macérés et réservez la pâte au froid pendant 3 à 4 heures.
Formez des boudins de 2-3 cm de diamètre.
Découpez les en tranche de 1 à 2 cm d'épaisseur et disposez les sur une plaque beurrée.
Enfournez dans un four préchauffé à 180 °C pendant 15 min environ.

SABLÉS AUX CHATAIGNES

Ingrédients

PÂTE SABLÉE AUX ÉPICES :
500 g de farine de châtaignes
250 g de sucre semoule
250 g de beurre
10 g de levure chimique
2 à 3 œufs
1 pincée de sel

POUR LE GRANITÉ :
200 g de sucre
50 g de farine de châtaignes
3 cuillérées à soupe
de Grand Marnier

Préparation

Faites sabler tous les ingrédients à l'exception de l'œuf et du sel que l'on incorpore à la fin.
Réservez la pâte au frais pendant 2 à 3 heures.
A l'aide d'un rouleau à pâtisserie, étalez la pâte à une épaisseur de 1 cm.
Détaillez ensuite des ronds à l'aide d'un emporte-pièce.
Disposez les disques de pâte sur une plaque recouverte d'un papier cuisson.
Mélangez les ingrédients du granité comme pour obtenir un crumble.
Dorez les petits gâteaux et saupoudrez de granité.
Mettez à cuire dans un four à 180 °C pendant 5 à 10 min.

DEMI-LUNES À LA NOISETTE

Ingrédients

250 g de farine
175 g de beurre tempéré
120 g de noisettes en poudre
1 sachet de sucre vanillé
100 g de sucre
1 bol de chocolat de couverture (facultatif)

Préparation

Mélangez tous les ingrédients jusqu'à l'obtention d'une pâte bien ferme.
Formez des petits rouleaux de pâte entre vos mains et resserrez les extrémités pour leur donner une forme de croissant.
Faites cuire à 175 °C pendant 15 min environ.
Après refroidissement vous pouvez éventuellement tremper la moitié de chaque croissant dans la couverture chocolat tempérée.

ALBERLE

Ingrédients

200 g de beurre
250 g de sucre
300 g de farine
300 g de fécule
4 œufs
5 g de poudre à lever
1/2 cuillérée à café d'extrait de vanille

1 œuf + 1 jaune d'œuf pour la dorure

Préparation

Mélangez les œufs, la vanille et le sucre.
Ajoutez ce mélange au beurre préalablement ramolli.
Tamisez la farine, la fécule et la levure chimique.
A l'aide d'une spatule ou avec les mains, mélangez délicatement la farine au beurre.
Lorsque la pâte est pétrie, réservez-la au froid 1 à 2 heures.
A l'aide d'un rouleau à pâtisserie, étalez la pâte à une épaisseur de 3-4 mm.
A l'aide d'une fourchette, piquez la pâte étalée et détaillez les petits gâteaux.
Disposez-les sur une plaque beurrée.
Badigeonnez une seconde fois et laissez sécher.
Mettez-les à cuire dans un four à 180 °C pendant 10 à 12 min environ.

DIAMANTS

Ingrédients

375 g beurre
200 g sucre glace
1 œuf
1 jaune d'œuf
450 g farine
1 pincée de sel
Extrait de vanille

Préparation

Mélangez les œufs le sucre, le sel, l'extrait de vanille et le beurre
Ajoutez la farine et réservez la pâte au froid pendant 3 à 4 heures.
Formez des boudins de 2-3 cm de diamètre.
Découpez les en tranche de 1 à 2 cm d'épaisseur et disposez les sur une plaque beurrée.
Enfournez dans un four préchauffé à 180-190 °C pendant 15 min environ.

PETITES GALETTES ANGLAISES

Ingrédients

POUR LA PÂTE :
200 g d'amandes en poudre
200 g de sucre glace
200 g de beurre
1 cuillérée à café de cannelle
275 g de farine type 45 tamisée
70 g de raisins de Corinthe

POUR LE GLAÇAGE :
100 g de sucre glace
1 jus de citron

Préparation

Mélangez tous les ingrédients pour formez une pâte homogène.
Réservez au froid pendant 24 heures.
Formez des boudins de 4 cm de diamètre avec la pâte.
Coupez des tranches de 2 cm d'épaisseur.
Disposez sur une plaque recouverte de papier sulfurisé.
Faites cuire dans un four préchauffé à 180°C pendant 10 min environ.
A la sortie du four, badigeonnez les galettes anglaises avec le glaçage citron.

AMÉRICAINS

Ingrédients

125 g de beurre
250 g de sucre
125 g de miel
500 g de farine
10 g de bicarbonate de soude
1/2 cuillérée à café de cannelle
1/2 cuillérée à café de gingembre
1 œuf
100 g de raisins de Corinthe macérés dans le rhum

Préparation

LA VEILLE :
Faites fondre le beurre avec le sucre et le miel.
Laissez tiédir.
Ajoutez la farine et le mélange de bicarbonate de soude, d'oeufs, de gingembre et de cannelle, mélangez.
Incorporez les raisins de Corinthe.
Confectionnez des boudins de forme triangulaire
Laissez reposer la pâte au frais toute une nuit.

LE LENDEMAIN :
Découpez des tranches de 5 mm d'épaisseur.
Disposez les petits fours sur une plaque recouverte de papier sulfurisé.
Faites cuire à 190°C pendant 10 min environ.
Laissez refroidir et stockez dans un endroit sec (boite à Bredle ou boite hermétique).

TRANCHES ANIS OU ANISSCHNETTE

Ingrédients

6 œufs
500 g sucre semoule
500 g farine
1 cuillère à soupe d'anis en grain.

Préparation

Mélangez le sucre et les œufs et faites chauffer le mélange à 30-40 °C au bain-marie.

Fouettez au batteur électrique pendant 15 min.

Incorporez délicatement la farine et l'anis à l'aide d'une spatule.

A l'aide d'une poche, dressez sur la longueur d'une plaque beurrée des boudins de 3 cm de diamètre.

Saupoudrez de sucre glace et faites cuire dans un four préchauffé à 220 °C environ pendant 10 à 15 min environ.

Après refroidissement, coupez les boudins en petit tronçons de 1 à 2 cm de large, posez-les sur la tranche et disposez-les sur une plaque et grillez-les au four.

COOKIES

Ingrédients

120 g de beurre
80 g de sucre semoule
120 g de sucre cassonade
1 petit sachet de sucre vanillé
2 œufs
1 jaune d'œuf
300 g de farine
100 g de noisettes en poudre
6 g de poudre à lever
1 cuillérée à café rase de cannelle
350 g de pépites chocolat

Préparation

Tamisez la farine avec la levure chimique et la cannelle et ajoutez les noisettes en poudre.
Mélangez à l'aide d'un fouet, le beurre, le sucre semoule, le sucre cassonade et le sucre vanillé.
Incorporez un à un les œufs et le jaune d'œuf.
Mélangez à l'aide d'une spatule et ajoutez délicatement la farine.
Terminez la pâte en incorporant les pépites de chocolat.
Formez des boudins de 3 à 4 cm de diamètre.
Coupez en tranche de 1 cm d'épaisseur environ et posez les cookies sur une plaque beurrée.
Enfournez dans un four préchauffé à 180-190 °C pendant 10 à 15 min environ.

PAIN D'EPICES POUR LANGUE ET DÉCOR

Ingrédients

POUR LA PÂTE :
500 g de farine
100 g de sucre glace
330 g de miel
1 œuf
85 g d'amandes en poudre
85 g de noisettes en poudre
85 g de citrons confits finement hachés
85 g d'oranges confites finement hachées
15 g de carbonate d'ammonium
(chez votre boulanger ou en pharmacie)
10 g de Kirsch d'Alsace
10 g d'épices à pains d'épices
10 g de cannelle

POUR LA GLACE ROYALE :
300 g de sucre
60 g de blancs d'œuf

AUTRE INGRÉDIENT :
1 verre de lait

Préparation

POUR LA PÂTE :
Mélangez la farine, les épices à pains d'épice et la cannelle.
Délayez le carbonate d'ammonium dans le kirsch.
Faites chauffer le miel à 50 °C environ.
Ajoutez le sucre dans le miel, versez le tout sur les autres ingrédients et pétrissez pour obtenir une pâte assez ferme.
Réservez la pâte au froid pendant 4 à 5 heures.
RÉALISATION :
Etalez la pâte à 2-3 mm d'épaisseur et à l'aide d'un emporte-pièce, découpez des langues de pains d'épices.
Posez-les sur un papier sulfurisé, badigeonnez avec du lait laissez sécher et badigeonnez une deuxième fois.
Enfournez dans un four à 180 °C pendant 5 à 10 min environ.
POUR LA GLACE ROYALE :
Mélangez au fouet et au batteur le sucre glace et les blancs d'œufs.
FINITION :
Avec une glace royale assez souple (ajoutez éventuellement un peu d'eau), badigeonnez le dessus des langues et séchez-les 1 à 2 min au four (180 °C).

Cette pâte convient également pour la réalisation de petites maisonnettes en pains d'épices, de cœurs décorés, de pains d'épices personnalisés, etc....

ETOILES CANNELLE AU KIRSCH D'ALSACE

Ingrédients

500 g de farine
250 g de sucre glace
325 g de beurre
25 g de cannelle
200 g d'amandes brutes concassées
2 œufs

1 œuf pour la dorure
100 g sucre glace
25 g de kirsch d'Alsace

Préparation

Faites sabler tous les ingrédients à l'exception des œufs que l'on incorpore à la fin pour former la pâte.
Réservez la pâte au frais pendant 2 à 3 heures.
A l'aide d'un rouleau à pâtisserie, étalez la pâte à une épaisseur de 5 mm.
Détaillez ensuite des étoiles à l'aide d'un emporte-pièce.
Disposez-les sur une plaque recouverte d'un papier cuisson.
Dorez les petits gâteaux laissez-les sécher et badigeonnez-les une seconde fois.
Mettez-les à cuire dans un four à 180°C pendant 10 à 12 min environ.
Dès la sortie du four laissez les étoiles tiédir et à l'aide d'une poche, déposez une perle de glaçage au kirsch au centre de chaque étoile.

SABLÉS AUX NOIX

Ingrédients

100 g de noix
100 g de sucre glace
270 g de beurre
460 g de farine
2 jaunes d'œufs
1 pincée de cannelle en poudre
1/2 zeste de citron
1/2 cuillérée à café de levure chimique
1 œuf pour la dorure
Quelques cerneaux de noix pour le décor.

Préparation

Mixez les noix avec le sucre glace afin d'obtenir une pâte fine.
Faites sabler la farine, le zeste de citron, la levure chimique et la cannelle avec le beurre.Ajoutez la pâte de noix et les jaunes d'œufs pour former la pâte.
Réservez la pâte au frais pendant 3 à 4 heures.
A l'aide d'un rouleau à pâtisserie, étalez la pâte à une épaisseur de 4-5 mm.
Détaillez ensuite des ronds cannelés à l'aide d'un emporte-pièce.
Disposez-les sur une plaque recouverte d'un papier cuisson.
Dorez les petits gâteaux et laissez sécher.
Badigeonnez-les une seconde fois, puis posez un cerneau de noix sur chaque sablé et laissez sécher.
Mettez-les à cuire dans un four à 180°C pendant 10 à 12 min environ.

PETITES ÉTOILES AU CITRON

Ingrédients

125 g de beurre
150 g de sucre
1 oeuf
250 g de farine
1 zeste de citron
1 pincée de sel

CRÈME :
250 g de sucre glace
2 citrons
250 g de beurre

Préparation

Mélangez tous les ingrédients tempérés exceptée la farine que l'on incorpore en dernier. Laissez reposer au frais pendant 1 à 2 heures.
Etalez la pâte à une épaisseur de 3 mm et découpez des petites étoiles à l'aide d'un emporte-pièce.
Faites cuire dans un four à 180°C pendant 10 à 15 min environ.
Les étoiles doivent être à peine blondes.
PRÉPAREZ LA CRÈME :
Dans un bain marie, mélangez le sucre glace, le zeste d'un citron, 4 cuillérées de jus de citron et le beurre fondu Fouettez énergiquement ; l'appareil s'épaissit et s'éclaircit.
Collez les étoiles deux par deux avec la crème et saupoudrez-les de sucre glace. Vous pouvez également les recouvrir d'un glaçage au citron.

FINGERLE

Ingrédients

500 g de farine Type 55
5 g de poudre à lever
250 g de beurre
250 g de sucre glace
2 œufs
1/2 cuillérée à café d'extrait de vanille

1 paquet de sucre cristallisé
ou de sucre semoule

Préparation

Tamisez la farine et la poudre à lever.
Faites sabler tous les ingrédients à l'exception des œufs et de la vanille que l'on incorpore à la fin pour former la pâte.
Réservez la pâte au frais pendant 3 à 4 heures.
Façonnez des boudins de 1,5 à 2 cm de diamètre.
Roulez les boudins dans le sucre semoule et coupez des tronçons de 4 à 5 cm de longueur.
Disposez-les sur une plaque recouverte d'un papier cuisson.
Mettez-les à cuire dans un four à 180 °C pendant 10 à 15 min environ.

LINZETTES

Ingrédients

Pâte à Schwoewebredele (voir page 19)
ou pâte à Linzer (voir page 74)
1 pot de confiture de framboises

Préparation

Préparez une pâte à Schwoewebredele ou une pâte à Linzer
Etalez-la avec un rouleau à 5 mm d'épaisseur environ.
Découpez les linzettes avec un emporte-pièce cannelé.
Mettez sur une plaque beurrée et pressez chaque linzette au centre avec le doigt sans la trouer.
Remplissez chaque trou avec de la confiture de framboises.
Faites cuire dans un four préchauffé à 180 °C pendant 10 à 15 min

MACARONS AUX AMANDES

Ingrédients

125 g d'amandes grises en poudre
125 g d'amandes blanches en poudre
250 g de sucre glace
125 g de blancs d'œufs (ou 4 blancs d'œufs)

1 pot de bigarreaux confits

Préparation

Mettez tous les ingrédients dans la cuve du batteur et mélangez la masse à l'aide de la palette.
La masse doit être suffisamment souple pour être dressée à la poche.
Rectifiez si nécessaire avec quelques gouttes d'eau.
Dressez, à l'aide d'une poche munie d'une douille unie de 10 mm de diamètre, des petits dômes sur une plaque recouverte de papier sulfurisé.
Décorez chaque macaron avec 1/2 bigarreau confit.
Faites cuire, dans un four préchauffé à 180 °C, pendant 12 à 15 min environ.

BUTTERBREDLE AUX AMANDES

Ingrédients

250 g de farine
1/2 cuillérée à café de poudre à lever
125 g de sucre glace
150g de beurre
1/2 œuf

1/2 œuf pour la dorure
3 cuillérées à soupe de lait
1 paquet d'amandes effilées

Préparation

Faites sabler tous les ingrédients à l'exception de la moitié de l'œuf que l'on incorpore à la fin pour former la pâte.
Réservez la pâte au frais pendant 1 à 2 heures.
A l'aide d'un rouleau à pâtisserie, étalez la pâte à une épaisseur de 3-4 mm.
Détaillez ensuite des formes à l'aide de différents emporte-pièces.
Mélangez la moitié de l'œuf avec le lait et dorez les petits gâteaux.
Trempez la partie dorée dans les amandes effilées et disposez-les sur une plaque recouverte d'un papier cuisson.
Mettez-les à cuire dans un four à 180°C pendant 10 à 12 min environ.

SABLÉS SUISSES

Ingrédients

POUR LA PÂTE SABLÉE NATURE :
600 g de farine
400 g de beurre
300 g de sucre glace
1 œuf

POUR LA PÂTE SABLÉE CHOCOLAT :
600 g de farine
60 g de cacao
400 g de beurre
300 g de sucre glace
2 œufs

1 œuf pour la dorure

Préparation

Tamisez la farine.
Faites sabler tous les ingrédients à l'exception de l'œuf que l'on incorpore à la fin pour former la pâte. Réservez la pâte au frais pendant 3 à 4 heures.
Procédez de même pour la pâte chocolat.
A l'aide d'un rouleau à pâtisserie, étalez la pâte nature à une épaisseur de 3 mm. Faites de même pour la pâte chocolat.
Coupez deux rectangles de même taille.
Badigeonnez la partie nature avec de la dorure.
Collez la partie chocolat et badigeonnez une nouvelle fois de dorure.
Enroulez la pâte pour formez un boudin de 3 cm de diamètre environ.
Réservez au froid pour faire figer.
Coupez des tranches de 5 mm d'épaisseur et disposez-les sur une plaque recouverte de papier sulfurisé.
Mettez-les à cuire dans un four à 180 °C pendant 10 à 12 min environ.

MOQUES

Ingrédients

650 g de farine
5 g de levure chimique
250 g de sucre
350 g de beurre
300 g de lait

Préparation

Tamisez la farine et la levure chimique.
Mélangez tous les ingrédients pour former une pâte.
Réservez la pâte au froid pendant 2 à 3 heures.
Formez des boudins de 2 à 3 cm de diamètre et coupez des tranches de 1 cm d'épaisseur environ.
Disposez sur plaque légèrement beurrée.
Enfournez dans un four préchauffé à 180°C pendant 10 à 15 min.
Laissez refroidir et stockez dans un endroit sec (boite à Bredle ou boite hermétique).

Cette pâte peut se décliner en plusieurs variantes de Bredle très facile à réaliser.
Vous pouvez ainsi réaliser des moques :

- à la noix de coco :
réalisez une pâte à moques, dorez à l'œuf les boudins de pâte et roulez-les dans de la noix de coco râpée.

- au sucre :
réalisez une pâte à moques, dorez à l'œuf les boudins de pâte et roulez-les dans du sucre cristal.

- à la confiture de framboises :
une fois les moques disposés sur la plaque, appuyez avec l'index et remplissez la cavité avec de la confiture de framboises.

- au chocolat :
remplacez 50 g de farine par du cacao en poudre et procédez de la même façon.

- à la pistache :
ajoutez un peu d'extrait de pistache ou de la pâte de pistache (chez votre boulanger-pâtissier).

- aux amandes :
incorporez des amandes broyées lors du pétrissage de la pâte à moques.

PETIT BEURRE MACARONNÉ

Ingrédients

POUR LA PÂTE :
500 g de farine Type 55
5 g de poudre à lever
250 g de beurre
250 g de sucre glace
2 œufs

POUR LA MASSE MACARON :
100 g de blancs d'œuf (3 blancs d'œuf environ)
200 g de sucre
200 g d'amandes en poudre blanche
120 g de farine

Préparation

POUR LA PÂTE :
Tamisez la farine et la poudre à lever.
Faites sabler tous les ingrédients à l'exception des œufs que l'on incorpore à la fin pour former la pâte.
Réservez la pâte au frais pendant 3 à 4 heures.
A l'aide d'un rouleau à pâtisserie, étalez la pâte à une épaisseur de 4-5 mm.
Détaillez ensuite des petites étoiles à l'aide d'un emporte-pièce.
Disposez-les sur une plaque recouverte d'un papier cuisson.
POUR LA MASSE MACARON :
A l'aide d'un batteur, battez les blancs en neige avec la moitié du sucre.
Lorsque les blancs d'œuf sont bien montés ajoutez le restant du sucre.
A l'aide d'une spatule, ajoutez les amandes et la farine.

Réalisation

A l'aide d'une poche munie d'une douille unie de 6-8 mm de diamètre dressez des petits dômes sur chaque gâteau.
Mettez-les à cuire dans un four à 200°C pendant 10 à 12 min environ.

ORANGINES

Ingrédients

100 g de blancs d'œufs
70 g de sucre semoule
80 g de sucre glace
150 g d'oranges confites en cubes
60 g d'amandes effilées
30 g de farine
30 g de beurre

1 pot de confiture d'abricots

Préparation

Mélangez le sucre glace avec les amandes effilées, la farine et les oranges en cubes.
Montez les blancs en neige bien ferme avec 70 g de sucre semoule.
Faites fondre le beurre.
Mélangez le tout délicatement avec une spatule.
A l'aide d'une cuillère à café, dressez des petits tas sur une plaque beurrée.
Faites cuire à 180°C pendant 8 à 10 min tout en les gardant moelleux.
Après refroidissement, réalisez les orangines en collant deux par deux les petits gâteaux obtenus avec de la confiture d'abricots.

Vous pouvez également garnir le côté plat avec de la couverture de chocolat tempérée.

PAINS D'ANIS AUX ÉPICES

Ingrédients

PAINS D'ANIS :
6 œufs
500 g de sucre
600 g de farine
1/2 cuillérée à café d'épices à pains d'épices
15 g d'anis vert

SUCRE AUX ÉPICES :
100 g de sucre semoule
5 g d'épices à pains d'épices

Préparation

POUR LES PAINS D'ANIS :
Mélangez les œufs, le sucre dans un grand saladier.
Tout en battant les oeufs avec un fouet, faites chauffez la masse au bain-marie.
Lorsque la masse est chaude (60°C), battez les œufs au fouet avec le batteur électrique pendant 10 à 12 min. Changez les fouets de l'appareil et remplacez-les par les spatules et mélangez à nouveau pendant 20 min.
Mélangez la farine, l'anis et les épices à pains d'épices préalablement tamisée et incorporez-les délicatement à l'aide d'une spatule en bois.
A l'aide d'une poche, dressez des petits dômes ou des petits bâtonnets sur une plaque très légèrement beurrée. Saupoudrez de sucre aux épices et laissez reposer les pains d'anis pendant 3 heures dans un endroit sec.
Lorsqu'ils sont croûtés (lorsque vous appuyez avec le doigt la pâte doit être sèche et cassante en surface), enfournez dans un four préchauffé à 200°C pendant 5 min environ.

PAINS DE BRUXELLES

Ingrédients

300 g de beurre
350 g de sucre
100 g d'eau froide
20 g de cannelle
200 g d'amandes blanches entières

Préparation

2 À 3 HEURES AVANT :
Faites gonfler les amandes dans de l'eau chaude

POUR LA PÂTE :
Faites sabler tous les ingrédients à l'exception de l'eau que l'on incorpore à la fin pour former la pâte.
Incorporez délicatement les amandes à la fin du pétrissage.
Versez cette pâte dans un moule rectangulaire (plat à gratin par exemple) dans le fond duquel vous aurez mis un film plastique.

Réservez la pâte au frais pendant 24 heures.
Lorsque la pâte est froide coupez des bandes rectangulaires et réservez-les au congélateur pendant 30 min.
Coupez les bandes en fines tranches de 4 à 6 mm d'épaisseur et disposez-les sur une plaque recouverte de papier sulfurisé.
Enfournez dans un four préchauffé à 180 °C pendant 10 à 15 min.

MACARONS À LA NOIX DE COCO

Ingrédients

250 g de noix de coco en poudre
475 g de sucre glace
20 g de miel
250 g de blancs d'œufs
(ou 4 blancs d'œufs)
50 g de farine

Préparation

Mettez tous les ingrédients dans une casserole et mélangez la masse à l'aide d'une spatule. Chauffez tout en mélangeant la préparation.
Lorsque le mélange commence à bouillonner, éteignez le feu et ajoutez rapidement la farine.
A l'aide d'une poche munie d'une douille cannelée, dressez les macarons sur une plaque recouverte de papier sulfurisé.
Enfournez dans un four préchauffé à 200°C, pendant 10 à 15 min environ.

Vous variez à l'infini les variétés de macarons à la noix de coco en les aromatisant avec du café, du cacao en poudre, des raisins au rhum etc....
Ajoutez selon vos goûts :
- 1 cuillère à soupe de café soluble
- 20 g de cacao en poudre
- 50 g de raisins secs macérés avec du rhum

BIBER DE ST GALLEN

Ingrédients

POUR LA PÂTE :
300 g de miel
100 g de sucre glace
80 g d'eau
15 g d'épices à pains d'épices
1 jaune d'œuf
500 g de farine
12 g de carbonate d'ammonium
(chez votre boulanger ou en pharmacie)
25 g de Kirsch d'Alsace

POUR LA MASSE À FOURRER :
325 g d'amandes blanches râpées
250 g de sucre
50 g de miel
1/2 jus de citron
25 g de gelée d'abricots

AUTRE INGRÉDIENT :
1 verre de lait

Préparation

POUR LA PÂTE :
Délayez le carbonate d'ammonium dans le kirsch.
Faites chauffer le miel à 50 °C environ.
Ajoutez le sucre dans le miel et versez le tout sur les autres ingrédients et pétrissez pour obtenir une pâte assez ferme.
Réservez la pâte au froid.
POUR LA MASSE À FOURRER :
Mélangez tous les ingrédients et façonnez des boudins de 1 cm de diamètre environ.

Réalisation

Etalez la pâte à 5 mm d'épaisseur et coupez-la en un grand rectangle.
Badigeonnez-la avec du lait.
Posez un rouleau de masse à fourrer sur le bord de la pâte.
Faites rouler la pâte autour du boudin.
Coupez la pâte et recommencez jusqu'à épuisement de la masse à fourrer et de la pâte.
Coupez les boudins en tronçons de 2 cm et posez-les sur la tranche et sur un papier sulfurisé.

SOUFFLAGE VANILLE

Ingrédients

250 g de sucre glace
4 blancs d'œufs (125 g environ)
100 g d'amandes effilées grillées
1/2 cuillérée à café d'extrait de vanille

Préparation

Mélangez les blancs d'œufs, le sucre glace et l'extrait de vanille dans un grand saladier.
Tout en battant les blancs avec un fouet, faites chauffez la masse au bain-marie.
Lorsque la masse est chaude (60 °C), battez les blancs en neige ferme.
A l'aide d'une spatule, incorporez délicatement les amandes effilées grillées.
Dressez à l'aide d'une poche des petites boules sur une plaque recouverte de papier cuisson.
Enfournez dans un four préchauffé à 110-120 °C pendant 1 heure à 1 heure 30 min.

PAINS TURCS

Ingrédients

250 g de beurre
125 g de sucre
125 g de sucre glace
375 g de farine
100 g d'amandes effilées
5 g de sel
20 g de sucre vanillé

Préparation

LA VEILLE :
Mélanger le beurre en pommade, le sucre fin et le sucre glace.
Ajoutez la farine, le sel, le sucre vanillé et les amandes effilées.
Confectionnez des boudins rectangulaires de 5 cm de long et 2 cm de diamètre. Laissez reposer au frais toute une nuit.
LE LENDEMAIN :
Découpez des tranches de 5 mm d'épaisseur.
Déposez-les sur une plaque en les espaçant suffisamment (les petits gâteaux s'étalent lors de la cuisson).
Faites cuire dans un four à 180/190°C pendant 5 à 10 min.
Laissez refroidir et stockez-les dans un endroit sec.
(Boite à Bredle ou boite hermétique).

LES BISCUITS DE VIRGINIE

Ingrédients

500 g de farine de châtaignes
250 g de sucre semoule
250 g de beurre
10 g de levure chimique
2 à 3 œufs
1 pincée de sel
50 g de figues séchées hachées
50 g de noisettes grillées concassées

Préparation

Faites sabler la farine, le sucre, la levure et le beurre.
Ajoutez les œufs, le sel, les figues séchées et les noisettes.
Réservez la pâte au frais pendant 2 à 3 heures.
A l'aide d'un rouleau à pâtisserie, étalez la pâte à une épaisseur de 1 cm.
Détaillez ensuite des ronds à l'aide d'un emporte-pièce.
Disposez les disques de pâte sur une plaque recouverte d'un papier cuisson.
Dorez les petits gâteaux et laissez sécher.
Badigeonnez une seconde fois de dorure.
Mettez à cuire dans un four préchauffé à 180 °C pendant 5 à 10 min.

PAINS AUX AMANDES

Ingrédients

250 g de farine Type 55
200 g de sucre
150 g de beurre
100 g d'amandes effilées
1 œuf
5 g de cannelle

Préparation

Faites sabler tous les ingrédients à l'exception de l'œuf et des amandes effilées que l'on incorpore à la fin pour former la pâte.
Formez une plaque 3,5 à 4 cm d'épaisseur et réservez-la au frais pendant 3 à 4 heures.
Lorsque la pâte est froide coupez des bandes de pâtes de 3,5 à 4 cm de largeur et réservez-les au congélateur pendant 30 min.
Coupez les bandes en fines tranches de 4 à 6 mm d'épaisseur et disposez-les sur une plaque beurrée.
Enfournez dans un four préchauffé à 180 °C pendant 10 à 15 min.

PETITS FOURS AUX ÉPICES « BUREHIFELE »

Ingrédients

150 g de beurre
100 g de sucre glace
4 jaunes d'œufs
1 œuf
200 g de farine type 45 tamisée
3 g de levure chimique tamisée
150 g d'amandes en poudre
50 g de miel
150 g de raisins de Corinthe
10 g de mélange d'épices pour pain d'épices
2 g de cardamome
1 g de gingembre
1 g de cannelle

1 pot de gelée d'abricots
1 pot de fondant
50 g de kirsch ou de rhum

Préparation

Faites mousser le beurre, le sucre et le miel tempérés.
Ajoutez successivement les jaunes d'œufs, l'œuf, les amandes en poudre, les épices, la farine et la levure chimique.
En dernier, ajoutez les raisins de Corinthe.
A l'aide d'une poche munie d'une douille unie, dressez des petits tas sur une plaque beurrée et farinée.
Faites cuire dans un four à 180 °C pendant 15 min environ.
A la sortie du four, badigeonnez les Burehifele avec de la gelée d'abricots chaude et recouvrez-les d'un glaçage au rhum ou au kirsch.

PETITS GÂTEAUX CANNELLE AUX AMANDES

Ingrédients

500 g de farine Type 55
5 g de poudre à lever
200 g de sucre glace
325 g de beurre
125 g d'amandes grises en poudre
20 g de cannelle
1 œuf
1 jaune d'œuf

1 œuf pour la dorure
1 paquet d'amandes effilées

Préparation

Faites sabler tous les ingrédients à l'exception des œufs que l'on incorpore à la fin pour former la pâte.
Réservez la pâte au frais pendant 2 à 3 heures.
A l'aide d'un rouleau à pâtisserie, étalez la pâte à une épaisseur de 3-4 mm.
Détaillez ensuite des formes à l'aide de différents emporte-pièces.
Disposez-les sur une plaque recouverte d'un papier cuisson.
Dorez les petits gâteaux et recouvrez-les d'amandes effilées.
Mettez-les à cuire dans un four à 180 °C pendant 10 à 12 min environ.

RÉGENTS

Ingrédients

400 g de beurre
200 g de sucre
200 g d'amandes blanches en poudre
500 g de farine
80 g de poudre de cacao

POUR LE DÉCOR :
1 jaune d'œuf
1 petit paquet d'amandes effilées

Préparation

LA VEILLE :
Mélangez la poudre d'amandes et le sucre.
Ajoutez le beurre en pommade.
Incorporez la farine et le cacao.
Faites une pâte, puis confectionnez des boudins fins de 5 mm de diamètre.
Badigeonnez-les avec le jaune d'œuf délayé dans un peu d'eau.
Saupoudrez les boudins d'amandes effilées.
Laissez reposer au frais toute une nuit.

LE LENDEMAIN :
Découper des bâtonnets de 5 cm de long.
Disposez-les sur une plaque en prenant soin de bien les espacer.
Faites cuire à 160 °C pendant 12 à 15 min.
Laissez refroidir les petits fours et stockez les dans un endroit sec (boite à Bredle ou boite hermétique).

PETITS PAVÉS A L'ABRICOT ET À LA PISTACHE

Ingrédients

PÂTE SABLÉE :
500 g de farine
300 g de sucre semoule
250 g de beurre
2 œufs

GARNITURE AUX AMANDES :
130 g d'amandes en poudre
20 g de farine
180 g de blanc d'œufs
150 g de sucre

1 pot de gelée d'abricots
100 g de pistaches

Préparation

Faites sabler tous les ingrédients excepté les œufs.
Ajoutez les œufs, formez une pâte et réservez-la au frais pendant 2 à 3 heures.
A l'aide d'un rouleau à pâtisserie, étalez la pâte en forme de carré à une épaisseur de 4 mm.
Mettez à cuire à blanc dans un four préchauffé à 175 °C pendant 5 min.
Garnissez la pâte de gelée d'abricots.

PRÉPAREZ LA GARNITURE AUX AMANDES :
Battre les blancs d'œufs et le sucre en neige bien ferme.
Incorporez délicatement à l'aide d'une spatule la farine et les amandes.

Dressez la masse aux amandes à l'aide d'une poche munie d'une douille plate sur la gelée.
Parsemez de pistaches hachées.
Saupoudrez de sucre glace et enfournez dans un four préchauffé à 175 °C pendant 10 à 15 min environ.
Dès la sortie du four, découpez des petits carrés de 2 cm de coté à l'aide d'un couteau bien aiguisé.

Café Latte

SUÉDOIS (PEPPERKAKOR)

Ingrédients

250 g de beurre
250 g de sucre
250 g de miel
625 g de farine
15 g de bicarbonate de soude
2 cuillérées à café de cannelle
1/2 cuillérée à café
de gingembre (facultatif)

Préparation

LA VEILLE :
Faites fondre le beurre avec le sucre et le miel.
Laissez tiédir.
Ajoutez la farine et le mélange de bicarbonate de soude et de cannelle, mélangez.
Laissez reposer la pâte au frais toute une nuit.

LE LENDEMAIN :
Etalez la pâte à 2,5 mm d'épaisseur.
Détaillez avec un emporte-pièce rond ou autre.
Disposez les petits fours sur une plaque recouverte de papier sulfurisé.
Faites cuire à 220 °C pendant 5 à 10 min.
Laissez refroidir et stockez dans un endroit sec
(boite à Bredle ou boite hermétique).

LES BISCUITS D'ANNA

Ingrédients

POUR LA PÂTE :
350 g de farine type 45 tamisée
250 g de beurre mou à tartiner
125 g de noisettes blanches grillées
et finement hachées
100 g de sucre glace
1 paquet de sucre vanillé
1 pincée de sel

1/2 verre de lait

10 g de cacao
100 g de sucre glace

Préparation

Mélangez tous les ingrédients pour formez une pâte homogène.
Formez des boudins de 4 cm de diamètre avec la pâte.
Badigeonnez avec du lait et roulez les boudins dans le mélange de sucre glace et de cacao.
Réservez les boudins au froid pendant 2 à 3 heures.
Coupez des tranches de 5 mm d'épaisseur et formez un petit boudin en forme de pain.
Disposez sur une plaque recouverte de papier sulfurisé.
Saupoudrez de sucre glace et enfournez dans un four préchauffé à 170°C pendant 10 min environ.

ROSACES AU CHOCOLAT

Ingrédients

300 g beurre
250 g sucre glace
4 œufs
500 g farine
25 g de cacao
1 pincée de sel
1/2 cuillérée à café de levure chimique

Préparation

Tamisez la farine avec la levure chimique et le cacao.
Mélangez le beurre, le sucre et le sel.
Incorporez les œufs un à un.
Terminez le mélange en ajoutant délicatement la farine à l'aide d'une spatule.
A l'aide d'une poche munie d'une douille cannelée, dressez sur une plaque beurrée.
Enfournez dans un four préchauffé à 180-190 °C pendant 10 à 15 min environ.

ROSACES AU CAFÉ ET AUX NOIX

Ingrédients

200 g de beurre
120 g de sucre
50 g de noix en poudre
250 g de farine
2 gros œufs ou 3 œufs moyens

POUR LA GANACHE :
150 g de chocolat noir
150 g de chocolat au lait
350 g de crème fraîche
75 g de beurre
1 petite cuillérée de café soluble

Préparation

Faites mousser le sucre et le beurre.
Ajoutez les œufs, puis sans trop travailler la pâte, incorporez la farine et les noix en poudre.
A l'aide d'une poche et d'une douille cannelée dressez de petites rosaces sur une plaque beurrée.
Faites cuire à 175 °C pendant 12 à 15 min.
Après refroidissement, à l'aide d'une poche, accolez les rosaces deux par deux avec la ganache au café.

Préparation de la Ganache au café

Faites bouillir la crème, ajoutez le café et les chocolats hachés.
Mélangez fermement puis incorporez le beurre en pommade.
Laissez figer la ganache au frais pendant 2 à 3 heures.

SABLÉS AU COINTREAU

Ingrédients

500 g de farine
250 g de beurre
250 g sucre
20 g de poudre à lever
2 œufs
20 g de Cointreau

1 paquet de sucre cristal

Préparation

Tamisez la farine et la poudre à lever.
Faites sabler tous les ingrédients à l'exception des œufs et de l'alcool que l'on incorpore à la fin pour former la pâte.
Réservez la pâte au frais pendant 3 à 4 heures.
Façonnez des boudins de 1 cm de diamètre.
Roulez les boudins dans le sucre cristal et remettez-les au froid.
Roulez les boudins une seconde fois dans le sucre cristal et coupez-les en petits tronçons.
Disposez-les sur une plaque recouverte d'un papier cuisson.
Mettez-les à cuire dans un four à 180 °C pendant 10 min environ.

PETITS COEURS LINZER

Ingrédients

POUR LA PÂTE SABLÉE :
125 g de farine
125 g de beurre
120 g de noisettes en poudre
125 g de chapelure
125 g de sucre
1 zeste râpé de citron
1 pointe de couteau de clou de girofle en poudre
1 pointe de couteau de cannelle en poudre
1 pointe de couteau de noix de muscade en poudre
1 œuf
1 pot de confiture de framboises
1 pot de gelée d'abricots

POUR LE GLAÇAGE :
150 g de fondant
50 g de kirsch

Préparation

Faites sabler tous les ingrédients à l'exception de l'œuf que l'on incorpore à la fin.
Réservez la pâte au frais pendant 2 à 3 heures.
A l'aide d'un rouleau à pâtisserie, étalez la pâte à une épaisseur de 2,5 mm.
Détaillez ensuite des coeurs à l'aide d'un emporte-pièce.
Avec une douille ronde, faites un trou au milieu de la moitié des coeurs obtenus.
Faites cuire tous les coeurs à 175 °C pendant 10 à 12 min.
Garnissez chaque coeur entier avec la confiture de framboises, puis recouvrez le avec un coeur troué.
Nappez avec de la gelée d'abricots et enfin, glacez avec le glaçage au kirsch.
Laissez sécher quelques heures.

ARLEQUINS

Ingrédients

450 g de farine
300 g de beurre
225 g de sucre glace
1 œuf
1 jaune d'œuf
150 g amandes blanches
150 g de bigarreaux confits

Préparation

2 HEURES AVANT :
Faites tremper les amandes dans l'eau
Egouttez les amandes, mélangez-les avec les bigarreaux et hachez le tout grossièrement.

POUR LA PÂTE :
Faites sabler tous les ingrédients à l'exception de l'œuf que l'on incorpore à la fin pour former la pâte.
Incorporez délicatement les amandes et les bigarreaux hachés à la fin du pétrissage.
Réservez la pâte au frais pendant 3 à 4 heures.
Lorsque la pâte est froide formez des boudins rectangulaires et réservez-les au congélateur pendant 30 min.
Coupez les boudins en fines tranches de 4 à 6 mm d'épaisseur et disposez-les sur une plaque recouverte de papier sulfurisé.
Enfournez dans un four préchauffé à 180 °C pendant 10 à 15 min.

Vous pouvez également incorporer dans la pâte des noisettes, des pistaches etc....

SOUFFLAGE CAFÉ

Ingrédients

250 g de sucre glace
4 blancs d'œufs (125 g environ)
1 cuillérée à soupe de café soluble

Préparation

Mélangez les blancs d'œufs, le sucre glace et le café dans un grand saladier.
Tout en battant les blancs avec un fouet, faites chauffez la masse au bain-marie.
Lorsque la masse est chaude (60 °C), battez les blancs en neige ferme.
Dressez à l'aide d'une poche des petites boules sur une plaque recouverte de papier cuisson.
Enfournez dans un four préchauffé à 110-120 °C pendant 1 heure à 1 heure 30 min.

CAKE PAIN ÉPICES

Ingrédients

200 g de miel
70 g de beurre
85 g farine de blé
85 g farine de seigle
5 g levure chimique
5 g cannelle en poudre
5 g épices à pain épices
35 g sucre
1 œuf
1 jaune d'œuf

Préparation

Faites fondre à feu doux le miel et le sucre et incorporez-les aux autres ingrédients.
Mélangez jusqu'à l'obtention d'une masse assez liquide et homogène.
Remplissez un moule à cake préalablement beurré et fariné.
Mettez-le à cuire dans un four préchauffé à 180°C pendant 1 heure environ.

Vous pouvez également, selon vos envies, utiliser des petits moules à Kougelhopf.

PAINS AUX FRUITS OU BEEREWECKE

Ingrédients

100 g d'amandes hachées
100 g de noix hachées
100 g de figues séchées
100 g d'abricots séchés
60 g de raisins secs sultanines
150 g de pommes séchées
150 g de poires séchées
100 g de quetsches séchées (pruneaux)
80 g de sucre semoule
20 g de miel
10 cl d'alcool de Poire William
10 cl de Kirsch d'Alsace
10 g de cannelle

POUR LA PÂTE LEVÉE :
250 g de farine
6 g de sel
30 g de levure
150 g de lait

POUR LE DÉCOR :
Cerises confites
Cerneaux de noix
Amandes

Préparation

Faites gonfler les pommes et les poires séchées dans de l'eau chaude pendant 2 heures.
Versez la Poire William et le Kirsch sur les autres fruits.
Egouttez les pommes et les poires.
Faites macérer tous les fruits pendant 1 heure.

Faites une pâte levée en pétrissant tous les ingrédients afin d'obtenir une pâte ferme mais douce.
Laissez gonfler la pâte puis ajoutez délicatement le mélange de fruits macérés.
Pesez des pâtons de 300 g, façonnez des boudins, et posez-les sur une plaque recouverte de papier sulfurisé.
Décorez-les avec les noix, les amandes et les cerises confites.
Laissez lever 40 min, et faites cuire dans un four à 160 °C pendant 30 à 40 min.

BUTTERBREDLE

Ingrédients

200 g de farine RIEGEL
(dans la plupart des boulangeries)
ou 200 g de farine complète
300 g de farine Type 55
150 g de maltitol
(dans la plupart des boulangeries)
350 g de beurre
1 œuf
25 g de lait

1 œuf pour la dorure

Préparation

Faites sabler tous les ingrédients à l'exception des œufs et du lait que l'on incorpore à la fin pour former la pâte.
Réservez la pâte au frais pendant 2 à 3 heures.
A l'aide d'un rouleau à pâtisserie, étalez la pâte à une épaisseur de 5 mm.
Détaillez ensuite des formes à l'aide de différents emporte-pièces.
Disposez-les sur une plaque recouverte d'un papier cuisson.

Dorez les petits gâteaux, laissez-les sécher et badigeonnez-les une nouvelle fois.
Mettez-les à cuire dans un four à 180°C pendant 10 min environ.

ROULÉS CANNELLE

Ingrédients

300 g de farine RIEGEL
(dans la plupart des boulangeries)
250 g de farine Type 55
250 g de beurre
150 g de maltitol
(dans la plupart des boulangeries)
ou 150 g de farine complète
7 g de cannelle
5 g d'épices à pain d'épices
125 g d'amandes grises en poudre
2 œufs
25 g de lait

1 œuf pour la dorure
1 paquet d'amandes effilées

Préparation

Faites sabler tous les ingrédients à l'exception de l'oeuf et du lait que l'on incorpore à la fin pour former la pâte.
Réservez la pâte au frais pendant 2 à 3 heures.
Formez des boudins de 3 cm de diamètre et remettez au froid.
Badigeonnez les boudins de dorure et roulez-les dans les amandes effilées.
Coupez les boudins en tranches de 1,5 cm environ et disposez-les sur une plaque recouverte de papier cuisson.
Badigeonnez le dessus des gâteaux et déposez quelques amandes effilées.
Faites cuire à 175 °C pendant 10 à 12 min.

SCHWOWEBREDLE

Ingrédients

200 g de farine RIEGEL
(dans la plupart des boulangeries) ou 200 g de farine complète
300 g de farine Type 55
175 g de maltitol (dans la plupart des boulangeries)
250 g de beurre
10 g de cannelle
100 g d'amandes en grises poudre
2 gros œufs
25 g de lait

1 œuf pour la dorure

Préparation

Faites sabler tous les ingrédients à l'exception des œufs et du lait que l'on incorpore à la fin pour former la pâte.
Réservez la pâte au frais pendant 2 à 3 heures.
A l'aide d'un rouleau à pâtisserie, étalez la pâte à une épaisseur de 5 mm.
Détaillez ensuite des formes à l'aide de différents emporte-pièces.
Disposez-les sur une plaque recouverte d'un papier cuisson.
Dorez les petits gâteaux et mettez-les à cuire dans un four à 180°C pendant 10 min environ

SPRITZBREDLE

Ingrédients

400 g de beurre
120 g de maltitol
(dans la plupart des boulangeries)
2 œufs
80 g d'amandes grises en poudre

1 cuillérée à café de cannelle

240 g de farine RIEGEL
(dans la plupart des boulangeries)
ou 240 g de farine complète
200 g de farine Type 55

Préparation

A l'aide d'un fouet, mélangez le beurre avec le maltitol et incorporez les œufs.
Incorporez ensuite à l'aide d'une spatule, la farine RIEGEL, la farine type 55, la cannelle et les amandes.
Dressez avec une poche munie d'une douille cannelée sur une plaque munie de papier sulfurisé.
Faites cuire à 180 °C pendant 10 à 15 min environ.
Laissez refroidir et stockez dans un endroit sec (boite à Bredle ou boite hermétique).

REMERCIEMENTS

TOUS NOS CHALEUREUX REMERCIEMENTS AUX BOULANGERS
QUI ONT PARTICIPÉ AU LIVRE BREDLE D'ALSACE :

FLECKENSTEIN Philippe (SCHILTIGHEIM)

CAYE Philippe (STRASBOURG)

DOLDER Claude (STRASBOURG)

FRITSCH Jean-Claude (SOUFFELWEYERSHEIM)

HAUK Materne (REICHSTETT)

KREBS Bernard (REICHSHOFFEN)

LAMEGER Jean-Pierre (SCHWEIGHOUSE)

COCO LM (STRASBOURG)

OLLAND Léon (STRASBOURG)

OLLAND Nicolas (STRASBOURG)

RIEGEL Martin (STUTZHEIM)

WOERLE François (STRASBOURG)

Nours tenons également à remercier :

- WOHN AKTIV de Kehl-Sundheim pour le prêt des accessoires
- Léa Marichal artiste-peintre pour le prêt des ses toiles
- Sandrine et Gérard FRITSCH

LES SABLÉS

Ingrédients

Pour réaliser cette recette, tu as besoin de :

1 œuf
1 pincée de sel
100 g de sucre
1 sachet de sucre vanillé
200 g de farine
50 g de maïzena
125 g de beurre

Préparation

Dans un récipient, dépose le sucre et le sucre vanillé, le sel et l'œuf.
Ajoute le beurre et à l'aide d'une cuillère en bois, mélange énergiquement.
Ajoute la farine et la maïzena en une seule fois.
Avec tes mains bien propres, pétris et forme une boule de pâte que tu places au réfrigérateur pendant une bonne heure.
Mets de la farine sur le plan de travail. A l'aide d'un rouleau à pâtisserie, étale la pâte en une ou deux fois. Mets un peu de farine sur le rouleau si la pâte colle un peu.
Demande à un adulte de préchauffer le four à 180 °C.
Tu peux maintenant découper toutes sortes de formes (des étoiles, des cœurs, des fleurs, des lunes...) grâce à des emporte-pièce ; si tu n'en as pas, utilise un verre renversé et découpe des petits ronds.
Etale du beurre sur la plaque à pâtisserie et dépose tes gâteaux (pas trop en même temps).
Demande à un adulte d'enfourner la plaque ; surveille bien tes gâteaux :
ils doivent avoir une jolie couleur blonde.
Après cuisson, laisse-les refroidir avant de les déguster.
Ces petits sablés peuvent se consommer nature et recouverts de sucre glace mais tu peux en réaliser de toutes sorte en ajoutant à la pâte de la cannelle, du cacao, de la poudre d'amandes etc.
En les badigeonnant de dorure avant de les cuire, tu peux les décorer en déposant des amandes effilées, du sucre en grains, des vermicelles de couleur ou des paillettes de chocolat.
Utilise ton imagination et régale-toi !
Ces petits sablés se conserveront longtemps dans une boite hermétique ou une boite à Bredle.

LES ROSES DES SABLES

Ingrédients

Pour réaliser cette recette très simple, il te faut :

30 g de pétales de mais soufflés
225 g de chocolat pâtissier

Préparation

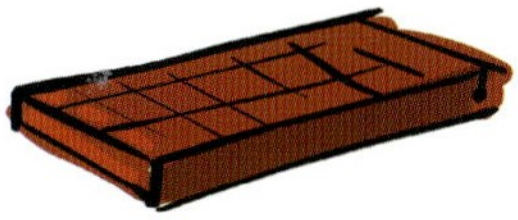

Casse le chocolat en morceaux et mets-le dans une casserole anti-adhésive. Demande à ta maman d'allumer la cuisinière à feu doux.

Place la casserole sur le feu et laisse fondre le chocolat tout doucement en remuant avec une cuillère en bois. Dis à ta maman qu'elle peut éteindre la cuisinière et laisse un peu refroidir le chocolat.

Ajoute alors les flocons de mais et mélange-les au chocolat jusqu'à ce qu'ils soient complètement enrobés.

Sur un grand plat, dispose les roses des sables une par une avec une cuillère à soupe.
Laisse-les complètement refroidir avant de les déguster.

LES MACARONS AU CHOCOLAT

Ingrédients

Pour réaliser cette recette, tu as besoin de :

75 g d'amandes effilées
150 g de sucre
50 g de chocolat noir
2 blancs d'œufs
1 noix de beurre

Préparation

Casse le chocolat en morceaux et mets-le dans une petite casserole.
Place ensuite cette casserole dans une autre casserole plus grande à moitié remplie d'eau(on appelle cela un bain-marie).
Demande à un adulte de mettre la casserole sur feu moyen et laisse fondre le chocolat tout doucement.
Sous la surveillance d'un adulte, verse les amandes effilées et le sucre dans le bol du mixer ou dans un mortier et écrase-les finement.
Place le mélange d'amandes et de sucre dans un récipient, ajoute le chocolat fondu et les blancs d'œufs (séparer le blanc et le jaune d'un œuf peut être difficile, n'hésite pas à te faire aider !).
Mélange bien le tout avec une cuillère en bois.
Etale du beurre sur une plaque à pâtisserie et demande qu'on allume le four à 220 °C (thermostat 8).
A l'aide d'une cuillère à soupe, dépose des petits tas de pâte sur la plaque en prenant soin de bien les espacer.
Demande qu'on enfourne la plaque et laisse cuire tes macarons pendant 15 minutes.
Attends qu'ils soient tièdes et décolle-les avec une spatule.

LES SPRITZBREDLE DE NOËL

Ingrédients

Pour réaliser cette recette, tu as besoin de :

200 g de beurre
200 g de sucre
100 g d'amandes en poudre
500 g de farine
1 sachet de levure chimique
3 œufs
1 citron

Préparation

Dans un grand récipient, mélange la farine avec la levure, le sucre, les amandes et le beurre ramolli.
Remue bien puis ajoute 2 œufs et mélange à nouveau énergiquement.
A l'aide d'une râpe à fromage, récupère le zeste du citron que tu auras lavé avant et mélange-le avec le reste.
Utilise une poche munie d'une douille cannelée (à acheter au rayon pâtisserie de ton magasin) et remplis-la avec ta pâte.
Dépose des petits bâtons de 4 cm de long (tu peux écrire des lettres de l'alphabet) sur la plaque à pâtisserie du four.
Demande à un adulte de préchauffer le four à 150 °C (thermostat 5).
Badigeonne tes Spritzbredele avec le jaune du dernier œuf et fais-les cuire une dizaine de minutes.

LES DATTES FARCIES

Ingrédients

Pour réaliser cette recette, il te faut :

1 paquet de 250 g de dattes dénoyautées
1 paquet de cerises confites
de la pâte d'amandes colorées (dans ton magasin, surtout à l'époque de Noël)
du sucre

Préparation

Lave bien tes mains avant de commencer.
Avec un couteau, ouvre les dattes à moitié dans le sens de la longueur (ou demande à un adulte si tu es trop jeune).
Fais de même avec les cerises confites.

Découpe ensuite la pâte d'amandes en tranches, puis en petits bâtonnets.

Dépose un bâtonnet de pâte d'amandes au milieu de chaque datte et de chaque cerise confite avant de les tremper dans le sucre.

Installe le tout joliment dans un plat que tu peux garnir d'un napperon en papier.

LES COOKIES

Ingrédients

Pour réaliser 30 cookies il te faut :

100 g de farine
100 g de sucre
80 g de beurre
60 g de pépites de chocolat
1 œuf
1/2 sachet de levure chimique
1 pincée de sel

Préparation

Sors le beurre du réfrigérateur et laisse-le ramollir.
Demande à ta maman de préchauffer le four à 180 °C.
Dans un récipient, mets le beurre ramolli, le sucre, l'œuf et la levure et mélange énergiquement.
Ajoute la farine et mélange à nouveau.
En dernier ajoute les pépites de chocolat et mélange délicatement.
Dispose une feuille de papier cuisson sur une plaque à pâtisserie.
A l'aide d'une cuillère à soupe, forme des petites boules de pâte en prenant soin de bien les espacer.
Demande à ta maman d'enfourner la plaque et laisse cuire les cookies pendant 10 à 12 minutes tout en les surveillant régulièrement.
Laisse les refroidir avant de les déguster ; tu peux les conserver dans une boite hermétique ou une boite à Bredle.

PÂTISSIERS EN CULOTTES COURTES...

Par nature, les enfants sont tous des cuisiniers, des pâtissiers et des boulangers en herbe. Il suffit de regarder nos tout-petits façonner des tartes, des pizzas et des gâteaux en pâte à modeler ou de confectionner toutes sortes de figurines et de viennoiseries en pâte à sel.
L'envie de faire par soi-même et de faire comme maman est présent dès le plus jeune âge.
Voici quelques recettes bien choisies qui sauront, sans aucun doute, les intéresser au moment de Noël : des sablés dorés de toutes les formes, des cookies moelleux et chocolatés, des rochers aux amandes, des
« roses des sables » très décoratives et d'autres encore à découvrir sous le regard attendri de maman ou de mamie.
Quel plaisir pour un enfant de « mettre la main à la pâte », de réaliser « tout seul » de délicieux gâteaux que toute la famille dégustera.
Quelle satisfaction de réussir à la fois quelque chose de beau et de bon !

Et quelle joie d'être accompagné dans cette démarche, d'être encouragé puis félicité !
Les enfants ont une imagination débordante qui ne demande qu'à être exploitée et ces quelques recettes guidées laissent une grande part à la créativité.
Songez à leur fierté lorsque, sortant du four et embaumant toute la cuisine, les petits gâteaux seront joliment présentés à toute la famille ou aux petits copains si gourmands !
Quelques Bredle joliment disposés dans un sachet de Noël seront un cadeau du plus bel effet !
Alors, ne les en privons pas et accompagnons-les à la découverte des Bredle, si chers à nos cœurs en cette période de l'année, faciles à réaliser, avec des recettes conçues pour eux.
A coup sûr, ce Noël-là ne ressemblera à aucun autre !

LES ROCHERS AUX AMANDES

Ingrédients

Pour réaliser cette recette, tu as besoin de :

125 g d'amandes en poudre
125 g de sucre
2 blancs d'œufs

Préparation

Dans un grand récipient, verse les amandes en poudre et le sucre.
Demande à un adulte de l'aider à séparer le blanc et le jaune de l'œuf.
Ajoute le blanc d'œuf dans ton récipient et mélange bien.
Prépare une plaque à pâtisserie recouverte de papier cuisson.
A l'aide d'une petite cuillère, forme des petites boules de pâte et dépose les sur la plaque en prenant soin de bien les espacer.
Demande à un adulte de préchauffer le four thermostat 5-6 et d'enfourner la plaque.
Laisse cuire les rochers 15 minutes environ tout en les surveillant régulièrement.